Mein Immer-wieder-Stickerbuch
Fußball

Illustrationen: Sean Longcroft

Gestaltung: Hannah Ahmed

Text: Sam Smith

Die Sticker findest du am Ende des Buches.

Beim Training

Das Team läuft sich warm,
macht Dehnübungen und
trainiert mit dem Ball.
Klebe alle auf.

Füge den Trainer und ganz
viele Reservebälle hinzu.

Ein Spieltag

Viele Fans haben Schals und
Fahnen an diesem Stand gekauft und
fiebern nun dem Einlass entgegen.

Vor dem Stadion stehen viele Fans
im Heimspieltrikot ihres Teams.

Die Fans

Fülle die Tribünen mit Leuten,
die ihr Team anfeuern.

Anstoß

Beide Seiten wärmen sich auf, bevor die Schiedsrichterin das Spiel anpfeift.

Auf der Ersatzbank

Fülle beide Bänke mit Taschen, Flaschen, Bällen und Auswechselspielern, die auf ihren Einsatz warten.

Wen wechselt die Trainerin aus?
Stelle den Vierten Offiziellen mit der
Auswechseltafel an den Rand des Spielfelds.

Tor!

Wer hat das Tor geschossen? Das Team freut sich gemeinsam. Klebe alle auf.

Die Spielenden des anderen Teams
sind enttäuscht. Klebe auch sie ein.

In der Umkleide

Fülle den Umkleideraum mit
Spielenden, die ihre Kleidung
wechseln und sich eine
Erfrischung holen.

Die Trophäen

Stelle alle Pokale in den
Trophäenschrank dieses Teams.

Elfmeterschießen

Wer hat den entscheidenden
Elfmeter geschossen?

Füge Spielende beider Teams hinzu,
die entweder den Sieg feiern oder
enttäuscht über die Niederlage sind.

Eine erfolgreiche Saison

MEISTERINNEN

Fülle das Spielfeld mit Luftschlangen und Spielerinnen, die die Trophäen der Saison feiern.

Beim Training

Die Fans Seite 6

Anstoß Seite 7

In der Umkleide Seite 12

Die Trophäen Seite 13